Guiados por las estrellas

Roger Sipe

✹ Smithsonian

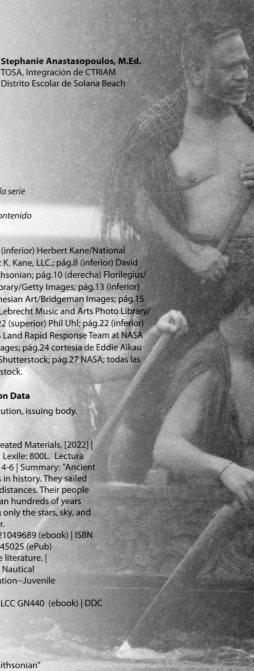

Autora contribuyente

Allison Duarte

Asesores

Douglas Herman, Ph.D.
Geógrafo superior
National Museum of the American Indian

Andrew Johnston, Ph.D.
Geógrafo
Center for Earth and Planetary Studies
National Air and Space Museum

Stephanie Anastasopoulos, M.Ed.
TOSA, Integración de CTRIAM
Distrito Escolar de Solana Beach

Créditos de publicación

Rachelle Cracchiolo, M.S.Ed., *Editora*
Diana Kenney, *M.A.Ed., NBCT, Realizadora de la serie*
Véronique Bos, *Directora creativa*
Caroline Gasca, *M.S.Ed., Gerenta general de contenido*
Smithsonian Science Education Center

Créditos de imágenes: portada, pág.1, pág.25 (inferior) Herbert Kane/National Geographic; pág.7 (inferior) cortesía de Herbert K. Kane, LLC.; pág.8 (inferior) David Olsen/Alamy; pág.10 (izquierda), pág.31 © Smithsonian; pág.10 (derecha) Florilegius/Alamy; pág.11 (superior) De Agostini Picture Library/Getty Images; pág.13 (inferior) Mark and Carolyn Blackburn Collection of Polynesian Art/Bridgeman Images; pág.15 (brújula) Fabiola Sepulveda; pág.19 (recuadro) Lebrecht Music and Arts Photo Library/Alamy; pág.20 (inferior) Chronicle/Alamy; pág.22 (superior) Phil Uhl; pág.22 (inferior) imagen cortesía de Jacques Descloitres, MODIS Land Rapid Response Team at NASA GSFC; pág.23 (inferior) Anders Ryman/Getty Images; pág.24 cortesía de Eddie Aikau Foundation; pág.25 (superior) Robert Cravens/Shutterstock; pág.27 NASA; todas las demás imágenes cortesía de iStock y/o Shutterstock.

Library of Congress Cataloging-in-Publication Data

Names: Sipe, Roger, author. | Smithsonian Institution, issuing body.
Title: Guiados por las estrellas / Roger Sipe.
Other titles: Guided by stars. Spanish
Description: Huntington Beach, CA : Teacher Created Materials, [2022] | Series: El mundo natural | "Niveles de lectura. Lexile: 800L. Lectura guiada: W"--Cover page 4. | Audience: Grades 4-6 | Summary: "Ancient Polynesians were some of the best navigators in history. They sailed double-hulled outrigger canoes across great distances. Their people settled all the major islands in the Pacific Ocean hundreds of years before Europeans arrived. They did it all using only the stars, sky, and ocean as their guides"-- Provided by publisher.
Identifiers: LCCN 2021049688 (print) | LCCN 2021049689 (ebook) | ISBN 9781087644554 (Paperback) | ISBN 9781087645025 (ePub)
Subjects: LCSH: Navigation--Polynesia--Juvenile literature. | Polynesians--Navigation--Juvenile literature. | Nautical astronomy--Juvenile literature. | Stars--Navigation--Juvenile literature.
Classification: LCC GN440 .S5618 2022 (print) | LCC GN440 (ebook) | DDC 623.890996--dc23/eng/20211202

Teacher Created Materials

5301 Oceanus Drive
Huntington Beach, CA 92649-1030
www.tcmpub.com

ISBN 978-1-0876-4455-4

Contenido

Exploradores del océano

El océano Pacífico es una gran masa de agua. Cubre casi un tercio de la superficie terrestre. Es tan grande que todos los continentes podrían caber en él.

En ese gran océano hay más de 25,000 islas. Muchas están a cientos de kilómetros de distancia entre sí. A pesar de las grandes distancias, los pobladores de esta región, Oceanía, navegan sus aguas desde hace más de mil años. Descubrieron todas las islas de la región y se asentaron en las más importantes.

Uno de los grupos, los polinesios, fue el que llegó más lejos. Se establecieron en lo que hoy llamamos la Polinesia. Es un área triangular que se extiende desde las islas de Hawái, al norte, hasta Nueva Zelanda, al suroeste. El punto que estaba más al este en ese triángulo era Rapa Nui, o isla de Pascua. Algunos de los **marinos** más admirables del mundo navegaron dentro de los límites de ese gran triángulo.

Quizá te preguntes: ¿Cómo hacían los antiguos navegantes para cubrir semejantes distancias? ¿Cómo sabían adónde se dirigían? ¿Acaso tenían teléfonos inteligentes, satélites o, al menos, brújulas magnéticas que los guiaran?

No eres la única persona que se hace esas preguntas. Los primeros exploradores británicos también estaban intrigados. Cuando llegaron por primera vez a Hawái en sus enormes barcos de velas a fines del siglo XVIII, quedaron impresionados al ver lo que los polinesios habían logrado. ¡Y tú también lo estarás!

Océano Pacífico

América del Norte

Hawái

Polinesia

Rapa Nui

Australia

Nueva Zelanda

Prepararse para el viaje

Antes de encontrar el camino, estos antiguos viajeros tenían que tener una razón para hacerse a la mar. También necesitaban un medio de transporte y debían llevar ciertas **provisiones** para la larga travesía.

Una migración maratónica

Todo empezó miles de años atrás. Los antiguos pueblos del sureste asiático comenzaron a explorar el océano. Con el tiempo, se instalaron en las islas cercanas y desarrollaron nuevas culturas e idiomas. Hicieron eso por muchos motivos.

Algunos se fueron porque el lugar donde vivían estaba muy poblado y estaban usando cada vez más recursos naturales de la zona, como tierra, agua y alimentos. Otros se fueron para ocupar nuevas tierras. Y otros, simplemente, para vivir nuevas aventuras.

No viajaban solamente los hombres. Familias enteras, incluidos bebés y abuelos, hacían las travesías. Algunos viajes duraban un día o dos. Pero otros duraban semanas o meses. Uno de los más largos fue el viaje a Hawái. Los antiguos polinesios recorrieron más de 3,700 kilómetros (2,300 millas) desde las islas Marquesas para llegar allí. Más allá de sus motivos, una vez que decidían emprender el viaje tenían que construir naves resistentes.

En Rapa Nui hay más de 600 cabezas de piedra que miden unos 4 metros (13 pies) de altura y pesan 12.7 toneladas métricas (14 toneladas). Nadie sabe cómo las construyeron, y algunas tienen el cuerpo entero enterrado bajo tierra que se fue acumulando durante cientos de años.

canoa polinesia tallada
parcialmente en un tronco

Esta imagen muestra a antiguos pobladores
tallando una canoa y un cuenco.

En 1972, se hallaron los restos de un cobertizo para canoas que había estado enterrado durante más de mil años.

canoa de un solo casco con estabilizador

vela

casco

estabilizador

INGENIERÍA

Lograr el equilibrio

Los polinesios necesitaban que sus embarcaciones no se dieran vuelta con el fuerte **oleaje**. Para lograrlo, diseñaron **estabilizadores** y los unieron al **casco** de sus canoas. Los estabilizadores, o batangas, son unos palos unidos a un flotador. El flotador actuaba como contrapeso para que la canoa no se diera vuelta.

Una nueva canoa

Aunque aún se utilizan canoas de un solo casco con un solo estabilizador impulsadas por remos, esas canoas clásicas no se usaban para navegar en alta mar. En cambio, los antiguos constructores hacían canoas con dos estabilizadores y casco doble, que eran impulsadas por el viento.

Algunas de esas embarcaciones medían más de 30 m (100 ft) de largo. Podían llevar hasta trescientos pasajeros. Con buen viento, llegaban a recorrer más de 160 km (100 mi) por día. Construir una canoa pequeña podía llevar un año. Una canoa grande de casco doble podía llevar incluso más tiempo.

Los polinesios construían un cobertizo especial para hacer sus embarcaciones. Para hacer sus naves, primero limaban unas azuelas de piedra hasta dejarlas bien afiladas y luego les colocaban un mango. Después, talaban unos árboles especiales. Usaban las azuelas para tallar los cascos dentro de los troncos de esos árboles. Para elevar los lados, cosían tablones de madera uniéndolos con una cuerda resistente hecha con fibras de coco. Luego, rellenaban las grietas entre los tablones con fibras de coco verdes, que eran más blandas, y savia del árbol de pan. Pintaban las embarcaciones con una mezcla de savias y cenizas para hacerlas impermeables.

Ambos cascos estaban unidos por vigas transversales, y en el medio se montaba una plataforma. Entre los cascos se construía un refugio pequeño para proteger a los navegantes del mal tiempo. Las naves podían tener una o dos velas, generalmente hechas de hojas de pandánea entretejidas. Se maniobraban con un solo remo ubicado en la parte de atrás.

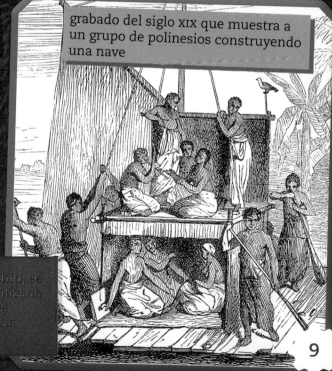

grabado del siglo XIX que muestra a un grupo de polinesios construyendo una nave

En 1977, en la isla de Huahine, Tahití, se descubrió una canoa polinesia utilizada para hacer travesías largas. Antes de eso, solo se conocía la existencia de esas canoas por las leyendas.

Qué llevar

Al vivir en un clima cálido, los polinesios no necesitaban llevar maletas con ropa. Usaban **taparrabos**, capas y faldas fabricados con la corteza interna de la morera de papel. Su equipaje también incluía esterillas para dormir y sentarse, herramientas para reparar las canoas, cuerdas de repuesto y equipos de pesca.

La tierra y el mar les brindaban a los viajeros todo lo necesario para sobrevivir en su travesía. Antes de zarpar, los polinesios secaban y **fermentaban** alimentos para que duraran más. Los alimentos frescos se comían al comienzo del viaje. Entre ellos, había frutos del árbol de pan, camotes, plátanos, malangas, caña de azúcar y harina de pandánea. Los cocos también eran importantes. Proveían tanto una fuente de agua como de alimento. Además, los viajeros podían pescar durante el viaje.

Como el agua de mar es salada, los viajeros no podían beberla. Entonces, llevaban agua dulce en recipientes naturales, como cañas de bambú. Sin embargo, gran parte del agua que usaban era agua de lluvia que se encargaban de recolectar.

Para sobrevivir en el nuevo **entorno**, los polinesios tenían que llevar consigo sus propios cultivos en forma de plántulas. Tan pronto como llegaban a las nuevas tierras, las plantaban. También llevaban cerdos, aves de corral y perros como animales de **cría y reproducción**. De esa forma, se aseguraban de tener muchos animales en su nuevo hogar.

telas fabricadas con la corteza de la morera de papel

hombre polinesio con un taparrabos

Este grabado sobre madera del siglo XVIII muestra a un grupo de polinesios que transportan mercancías en canoas.

Técnicamente, los cocos son drupas y no frutos secos. Otros tipos de drupas son los duraznos y las cerezas.

La cáscara del coco se usa para hacer cuerdas.

La parte carnosa se come.

De estrellas y cielos

Si tienes la oportunidad, observa el cielo nocturno en un lugar que esté lejos de las luces de la ciudad. Hay miles de estrellas y   para ver. Incluso se pueden ver algunos planetas, y también la Luna. Podemos observar las estrellas para divertirnos, pero para los antiguos polinesios las estrellas eran un mapa de ruta.

Nuestra estrella más brillante

Hay una estrella que está visible durante el día: el Sol. Cada 24 horas, la Tierra completa una rotación. Cada día, esa rotación hace que el Sol salga por el este y se ponga por el oeste.

En medio del océano, en un día despejado, un navegante podía saber fácilmente en qué dirección viajaba. Dos veces al día, los navegantes podían determinar hacia dónde se dirigían. Al amanecer, el Sol señalaba el este. Ellos sabían que la dirección opuesta era el oeste. Así podían saber dónde estaban el norte y el sur. Al atardecer, sabían que el Sol señalaba el oeste y así confirmaban las otras direcciones, como habían hecho por la mañana.

Cuando el Sol se pone o sale en el océano Pacífico, a veces se ve un destello verde en el horizonte. Ese extraño fenómeno se debe a que la luz se curva cuando atraviesa la atmósfera terrestre.

Estas personas observan la figura de Kā Hei-hei o Na Keiki, es decir, la constelación de Orión.

Los navegantes polinesios ajustaban el rumbo de sus canoas de acuerdo a la posición del Sol.

Luces nocturnas

Los antiguos navegantes usaban muchas estrellas para orientarse y así mantener el rumbo correcto durante la noche. A medida que la Tierra gira, las estrellas aparecen en el horizonte por el este y desfilan por el cielo nocturno. Los navegantes podían determinar, a partir de la ubicación de las estrellas, el rumbo de sus canoas.

En esos tiempos, no había computadoras que pudieran usar para buscar la ruta más rápida. Los antiguos navegantes debían tener esos mapas en su memoria. Observaban los puntos en que las estrellas y las constelaciones salían y se ponían en el horizonte.

Los navegantes aprendieron la trayectoria de muchas, muchas estrellas; sabían dónde salían y dónde se ponían. A menos que estés en el ecuador, la inclinación de la Tierra hace que la trayectoria de las estrellas esté en cierto ángulo. Eso significa que una estrella solo sirve para orientarse si está cerca del horizonte. Como el cielo nocturno cambia a lo largo del año, los navegantes tenían que estar familiarizados con todo el cielo.

Algunas estrellas parecen pasar directamente por encima de una isla cuando una canoa va con rumbo este u oeste. Esas estrellas se llaman estrellas cenitales. Hōkūle'a, o Arturo, es la estrella cenital de Hawái. Cuando los navegantes veían esa estrella, sabían que estaban yendo en la dirección correcta.

La posición de las constelaciones cambiaba a medida que las canoas se acercaban al ecuador. Los buenos navegantes se adaptaban a esos cambios. También se adaptaban a otras situaciones inesperadas, como las nubes o las tormentas.

Hay más de cien mil millones de estrellas en la galaxia de la Vía Láctea.

ʻĀKAU
Norte

Haka

Nā Leo

Nālani

Manu

Noio

ʻĀina

Lā

KO'OLAU
Noreste

Haka

Nā Leo

Nālani

Manu

Noio

ʻĀina

Lā

HIKINA
Este

Lā

ʻĀina

Noio

Manu

Nālani

MALANAI
Sureste

Nā Leo

Haka

HEMA
Sur

Haka

Nā Leo

Nālani

KONA
Suroeste

Manu

Noio

ʻĀina

Lā

KOMOHANA
Oeste

Lā

ʻĀina

Noio

Manu

Nālani

Nā Leo

Haka

HO'OLUA
Noroeste

Los navegantes modernos usan brújulas estelares para orientarse.

15

Norte y sur

Tahití está al sur del ecuador; Hawái
está al norte del ecuador. Cuando los
navegantes del sur comenzaban su viaje,
dependían de Hanaiakamalama (la Cruz
del Sur) para orientarse. En el cielo
nocturno, las cinco estrellas que forman
la Cruz del Sur se asemejan a una cometa.
Las estrellas superior e inferior forman una
línea que apunta hacia el sur. Si un navegante
se dirigía al norte hacia Hawái, esas estrellas
parecían moverse hacia abajo en el cielo.

La Cruz del Sur solo se ve en el hemisferio sur. Afortunadamente, hay una
estrella que ayudaba a los navegantes después de que cruzaban el ecuador: Hokupa'a
(Estrella Polar). La Estrella Polar no sale ni se pone. Está siempre en el mismo lugar
del cielo. Los navegantes usaban la Estrella Polar para guiarse durante el resto del
camino hacia Hawái.

estrellas de la Cruz del Sur

fases de la Luna

La Luna y los planetas

Al igual que el Sol, la Luna sale y se pone cada día. Los navegantes la usaban para orientarse y también para registrar el paso del tiempo. Los hawaianos crearon un calendario que se basaba en las distintas fases de la Luna, que se repiten aproximadamente cada 30 días.

Según la época del año, ciertos planetas podían verse en el cielo. En lengua hawaiana, se les llama *hōkū ʻaeʻa*, que significa "estrellas errantes (o viajeras)". Los puntos en que salen o se ponen ciertas estrellas pueden determinarse por medio de las estrellas cercanas. De los ocho planetas de nuestro sistema solar, los hawaianos —sin la ayuda de telescopios— conocían cinco.

MATEMÁTICAS

Llegar a destino

Para hallar la distancia recorrida, hay que multiplicar la rapidez por el tiempo. Por ejemplo, si viajas a 8 km (5 mi) por hora durante 2 horas, habrás recorrido 16 km (10 mi). Los antiguos navegantes sabían cuántos días les llevaba viajar de una isla a otra. También seguían los patrones de las estrellas, los vientos y las olas. Así, podían determinar mentalmente la rapidez y el tiempo transcurrido para calcular la distancia.

De vientos y olas

Durante el día o en las noches nubladas, los antiguos navegantes no podían guiarse por las estrellas. Pero se dieron cuenta de que podían usar el oleaje para dirigir sus canoas. El oleaje es un patrón ondulatorio de olas que se mueve regularmente por el océano. Cuando el navegante establecía el rumbo hacia su destino, sentía cómo el oleaje mecía la canoa. Los navegantes eran entrenados desde la infancia para percibir ese movimiento. Ellos podían mantener el curso previsto de las canoas siguiendo el ritmo del oleaje. Si sentían que el movimiento cambiaba, sabían que la canoa estaba apartándose de su ruta.

Uno de los grupos que habitaban Oceanía eran los micronesios. Ellos podían identificar ocho tipos diferentes de oleaje provenientes de ocho direcciones distintas. Se entrenaban para reconocerlos mediante la vista y el tacto.

Los navegantes de Oceanía también debían considerar las corrientes oceánicas. Debían saber de qué lado empujaría el viento a las canoas. De ese modo, podían cambiar la dirección de las canoas para contrarrestar ese efecto.

Los navegantes tenían que calcular bien las distancias por encima de todo. El mar puede parecer una gran extensión monótona y azul. Pero los navegantes sabían cómo marcar las distancias en su mente. Usaban la rapidez y el tiempo de viaje para hallar la distancia recorrida. Llevaba años de entrenamiento y experiencia adquirir esos conocimientos.

Otra clase de mapas

Los antiguos navegantes no tenían brújulas tradicionales, GPS ni aplicaciones de mapas para guiarse. Sin embargo, tomaron todo lo que aprendieron sobre el oleaje y crearon sus propias cartas náuticas. Esas cartas se hacían con madera (por ejemplo, de bambú), fibras de coco y caracolas. Las caracolas indicaban distintas islas, y las partes curvas de madera mostraban cómo actuaba el oleaje alrededor de las islas.

carta náutica hecha con palos

Los navegantes no sabían lo que había más allá del horizonte. La curvatura de la Tierra les impedía ver muy lejos. Entonces, aprendieron métodos para "ver" lo que había más allá. Aprendieron a reconocer algunas señales.

La primera señal de que estaban cerca de la tierra era si las nubes no se movían. Las islas de cierta altura obligan al viento a elevarse y formar nubes. En el horizonte, otras nubes se mueven, pero esas se quedan sobre la isla.

La segunda señal era el color de la parte inferior de las nubes. Si las nubes eran brillantes, quizás abajo había arena, ya que refleja la luz y la envía hacia arriba. Si las nubes eran oscuras, quizá había muchos árboles debajo. Pero esos colores eran muy **sutiles**. Llevaba años de entrenamiento y experiencia detectarlos.

La tercera señal eran las aves. Algunas aves no vuelan lejos de la tierra. Los charranes blancos y pardos eran de gran ayuda para la navegación. Ambas aves vuelan hacia el mar por la mañana y regresan a sus nidos al atardecer. Los charranes blancos pueden alejarse más de 190 km (120 mi) de la costa. Los charranes pardos solo se alejan unos 65 km (40 mi). Los navegantes experimentados seguían a esas aves hasta la tierra.

Además, los navegantes podían buscar en el océano patrones de oleaje u objetos que flotaban a la deriva. Restos como **frondas** de palmeras, cocos y otros tipos de vegetación señalaban que había tierra cerca.

Este grabado del siglo XIX muestra a navegantes polinesios en una canoa de casco doble.

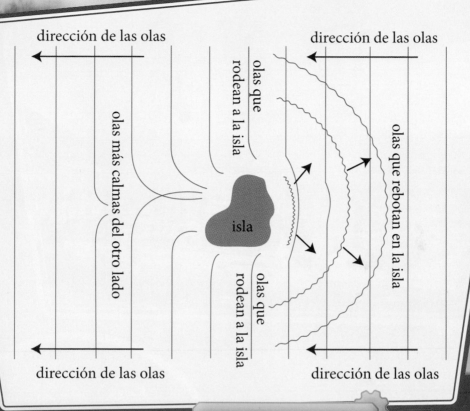

dirección de las olas

dirección de las olas

olas que rodean a la isla

olas más calmas del otro lado

olas que rebotan en la isla

isla

olas que rodean a la isla

dirección de las olas

dirección de las olas

CIENCIAS

La ciencia del oleaje

Cuando el oleaje choca contra una isla, la envuelve y produce líneas de olas del otro lado. Pero además, parte del oleaje rebota, y produce líneas de olas en el frente. Los navegantes podían usar esas líneas de olas para hallar la tierra. Los más expertos podían leer esas líneas a unos 72 km (45 mi) de distancia.

llegada de la nave Hōkūle'a, en 1976

Las islas hawaianas están formadas por ocho islas principales y se extienden más de 2,400 km (1,500 mi).

Ni'ihau
Kaua'i
O'ahu
Moloka'i
Lāna'i
Kaho'olawe
Maui
Hawái

Guardianes de la cultura

Las largas travesías se interrumpieron hace unos seiscientos años. Nadie sabe bien por qué. Cuando llegaron los exploradores occidentales, ya quedaban muy pocas de aquellas grandes canoas.

Un viaje de redescubrimiento

Los indígenas hawaianos comenzaron a redescubrir su cultura en la década de 1970. Volvieron descubrir su lengua nativa, su historia y su arte. Un pequeño grupo incluso quiso volver al mar. Formaron la Polynesian Voyaging Society [sociedad polinesia de navegación] y salieron a la aventura.

El objetivo era navegar hacia Tahití sin tecnologías modernas. Querían demostrar que, cuando sus ancestros llegaron a las islas, sabían bien lo que hacían. Algunos historiadores sostenían que los antiguos navegantes habían encontrado las islas por casualidad cuando estaban perdidos en el mar. De modo que este grupo construyó una canoa de casco doble y la llamó Hōkūle'a, como la estrella cenital de Hawái.

Solo tenían un problema: no sabían navegar como sus ancestros. Pero había un hombre dispuesto a enseñarles. Mau Piailug vivía en una isla que estaba a miles de kilómetros de distancia. Su abuelo era un navegante experimentado y le había transmitido sus conocimientos. Piailug era la mayor esperanza de la sociedad hawaiana.

En 1976, la primera tripulación de la Hōkūle'a zarpó desde Hawái hacia Tahití. Piailug condujo la embarcación usando únicamente técnicas antiguas. Después de más de un mes, la nave fue recibida por una alegre multitud de tahitianos. ¡Lo habían logrado!

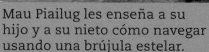

Mau Piailug les enseña a su hijo y a su nieto cómo navegar usando una brújula estelar.

23

Navegantes con todas las letras

En 1978, la sociedad zarpó de nuevo. Esta vez, viajaron sin Piailug. Sin embargo, la canoa volcó en una tormenta. El tripulante Eddie Aikau salió a buscar ayuda en su tabla de surf. Jamás volvieron a verlo. Al final, la tripulación fue rescatada, pero se sintieron desconsolados al enterarse de la pérdida de su amigo. En lugar de rendirse, siguieron adelante hasta cumplir su sueño.

En 1979, Piailug entrenó a Nainoa Thompson como navegante. Thompson aprendió de su maestro a leer las estrellas y el oleaje. En 1980, inició una segunda travesía exitosa hacia Tahití y de regreso. Se convirtió en el primer hawaiano en hacer ese viaje en más de seiscientos años.

En las décadas siguientes, la sociedad continuó navegando en el océano. Los tripulantes llegaron a distintos destinos, como Alaska y Japón. Crearon programas para escuelas. Inspiraron a otras personas a construir canoas. Ellos mismos construyeron otra canoa.

En 2014, la sociedad inició un viaje por el mundo. Esta vez, su objetivo fue "trazar una nueva ruta para nuestro planeta". Los tripulantes se reunieron con distintas comunidades y les hablaron sobre cómo vivir de manera sostenible. Regresaron a Hawái tres años después.

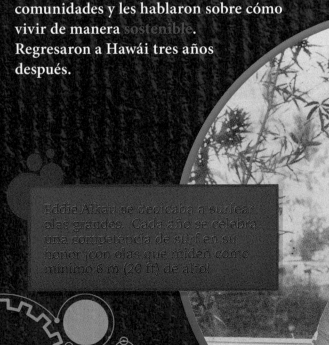

Eddie Aikau se dedicaba a surfear olas grandes. Cada año se celebra una competencia de surf en su honor ¡con olas que miden como mínimo 6 m (20 ft) de alto!

Nainoa Thompson

Inspiración potente

Herb Kane es artista e historiador. Pintó cientos de escenas de los antiguos hawaianos. Sin embargo, su mayor obra de arte fue la canoa Hōkūle'a. Primero, hizo dibujos muy detallados. Luego, los miembros de la tripulación usaron sus dibujos para construir una canoa resistente que pudiera aventurarse a la mar.

pintura de Herb Kane

Más allá del mar

Las travesías polinesias no siempre tenían final feliz. Muchas personas se perdieron en el océano. Se necesitaba una gran planificación y que el buen tiempo acompañara para llegar a salvo a una isla. Pero, lo que es aún más importante, se necesitaba un navegante experimentado.

Esos navegantes tenían que ser valientes. También tenían que ser expertos en su oficio. Tenían que seguir estudiando y aprendiendo toda la vida. Debían memorizar la posición de muchas estrellas. Debían conocer las aves del cielo y los animales del mar. A veces, tenían que sentir —literalmente— su rumbo en medio del océano. Su propia vida y la de la tripulación dependían de ellos.

Hoy en día, contamos con mapas detallados y cartas de navegación. Los barcos navegan frecuentemente entre Hawái y otras islas y continentes. Sin embargo, los exploradores modernos siguen mirando el cielo. Ahora desean explorar el espacio. Hawái es la cuna de dos astronautas. Quizás algún día, un **descendiente** de aquellos antiguos navegantes trace el curso de un viaje a otro planeta. Y nada de eso sería posible sin los valientes navegantes que se aventuraron al mar hace cientos de años.

parte del observatorio de Mauna Kea, en Hawái

Uno de los astronautas nacidos en Hawái fue Ellison Shoji Onizuka. Fue el primer estadounidense de origen asiático y la primera persona de origen japonés en viajar al espacio.

DESAFÍO DE CTIAM

Define el problema

Los antiguos polinesios diseñaron canoas con estabilizadores que les permitieron explorar el vasto océano que había a su alrededor. Tuvieron éxito porque sus canoas eran estables en el agua y usaban la energía del viento para avanzar. Tu tarea es construir un modelo de canoa con estabilizador que mantenga el equilibrio en el agua y que use el viento para moverse.

 Limitaciones: Tu canoa debe estar hecha de al menos un material que se encuentre en la naturaleza.

 Criterios: Construye un modelo pequeño de canoa con estabilizador que flote y que se desplace por el agua sin volcarse cuando sople el viento.

Investiga y piensa ideas

¿Cómo diseñaban y construían sus canoas los antiguos navegantes? ¿Cómo usaban la energía del viento? ¿Qué tipo de información náutica puede dar el viento? ¿Tu canoa tendrá velas? ¿Será una canoa de casco simple o de casco doble?

Diseña y construye

Bosqueja tu diseño de canoa. ¿Qué propósito cumple cada parte? ¿Cuáles son los materiales que mejor funcionarán? Reúne los materiales y construye el modelo.

Prueba y mejora

Prueba tu canoa; colócala en un recipiente grande lleno de agua. ¿Flota? ¿Se desplaza sin voltearse? ¿Cómo podrías mejorarla? Modifica tu diseño y vuelve a intentarlo.

Reflexiona y comparte

¿Puedes construir una canoa con estabilizador usando menos materiales? ¿Puedes diseñar un modelo distinto? ¿Se te ocurre otra manera de probar tu canoa?

Glosario

azuelas: herramientas con filo que se usan para labrar la madera

casco: la estructura de un barco

constelaciones: grupos de estrellas que forman figuras en el cielo y que llevan nombre

cría y reproducción: actividad que consiste en domesticar animales y hacer que tengan hijos entre ellos

descendiente: un miembro de una familia por línea directa, por ejemplo, un hijo

entorno: el ambiente, lo que está alrededor de un lugar

estabilizadores: palos que sobresalen de los lados de un bote y que, unidos a flotadores, evitan que el bote se dé vuelta

fermentaban: provocaban una reacción química en los alimentos

frondas: conjunto de hojas o ramas

marinos: personas expertas en la ciencia o el arte de navegar

oleaje: una sucesión de olas en el océano

pandánea: planta tropical de hojas largas y estrechas

provisiones: reservas de alimentos y otras cosas útiles

savia: un líquido pegajoso que se obtiene de algunos árboles o frutos

sostenible: que usa métodos que no agotan ni destruyen los recursos naturales

sutiles: suaves, delicados, que no llaman la atención

taparrabos: pedazos de tela que se usan alrededor de la cadera

vigas transversales: trozos largos de madera que atraviesan el casco de los barcos para reforzarlos

Índice

¿Quieres ser navegante?
Estos son algunos consejos para empezar.

"Aprende a reconocer las estrellas. No necesitas tener un título en astronomía ni un telescopio para aprender sobre las constelaciones. Observa el cielo nocturno y usa una guía (o incluso una aplicación) para aprender todo lo que puedas. Cuando mires el cielo nocturno y reconozcas de inmediato lo que estás viendo, significa que has avanzado un largo trecho".
—*Andrew Johnston, geógrafo*

"Pasa en un barco todo el tiempo que puedas. Cuanto más te familiarices con el funcionamiento de los barcos y el comportamiento del mar, más preparado estarás para aprender a navegar. Incluso si empiezas en una laguna, un lago o un río, ya estarás aprendiendo a manejar un bote y adquiriendo destrezas muy importantes". —*Douglas Herman, geógrafo superior*